Granatapfel

Rita Henss

Mit Illustrationen von
Linda Wolfsgruber

mandelbaums *kleine gourmandisen*
N° 19

Die *kleinen gourmandisen* werden herausgegeben von Michael Baiculescu und Margot Fischer.

www.mandelbaum.at
www.mandelbaum.de
ISBN 978-3-85476-574-5

office@mandelbaum.at
Wipplingerstr. 23, 1010 Wien
3. Auflage 2025
Lektorat: Margot Fischer
Satz und Umschlaggestaltung: Michael Baiculescu
Illustrationen: Linda Wolfsgruber
Druck: Interpress, Budapest

VORNEWEG

Ist er wirklich ein Tausendsassa? Entsprungen aus dem Blut von Adonis oder Dyonisos? Handelt es sich bei der prallen Kugel mit dem charakteristischen Krönchen tatsächlich um die paradiesische Frucht der Erkenntnis? Und was hat sie mit einer Balustrade zu tun?

Zahlreich wie die schimmernden Samen unter seiner ledrigen Schale sind die Geschichten, die sich um den Granatapfel ranken. Künstler jeglicher Zeiten bildeten ihn ab und nach. Dichter widmeten ihm schwärmerische Worte. Als dekoratives Motiv finden wir die Frucht auf Kleidungstücken und Teppichen, auf Kacheln und Tapeten, ja sogar in der Architektur. Antike Gelehrte empfahlen den *Granat* als Heilmittel und schrieben ihm Verjüngungseffekte zu. Zudem sind Städte und Dörfer, eine Waffe und ein Schmuckstein nach ihm benannt. Trotzdem umgibt den Granatapfel noch immer das Geheimnis seiner genauen Herkunft.

Sein lateinischer Name verweist zumindest auf das Land der Katharer als ein frühes Verbreitungsgebiet. Aber auch im altindischen Sanskrit existiert schon eine Bezeichnung für die kapriziöse Frucht, deren intensive Färbekraft man einst weidlich für Naturstoffe nutzte.

Heute hält exakt diese Eigenschaft indes viele davon ab, sich des Granatapfels für kulinarische Zwecke zu bedienen. Doch keine Angst: Es gibt ein paar Tricks, um Granatapfel-Flecken in der Küche zu vermeiden – und viele Möglichkeiten, die köstliche Frucht auf den Teller zu bringen. Unsere Rezepte reichen von pikant bis süß, von den Kernen bis zum Saft. Viel Freude beim Lesen, Kochen und Genießen!

GRANATAPFEL-MOMENTE

»A-nar-da-na«. Lächelnd wiederholt der Mann mit dem orangefarbenen Turban die vier Silben ein weiteres Mal. Ich schaue ihn verständnislos an. »From sour raisins of India!« Aus sauren indischen Rosinen? Der Groschen will bei mir einfach nicht fallen. Wir stehen in einem Dorf am Fuße des Himalayas und plaudern über die vielen Speisen und Gewürze des Subkontinents. »Barberries« beginne ich zu raten? Bedeutete Anardana vielleicht Berberitzen? »No, no, like a big red apple.« Irgendwann dämmert es mir: Der alte Herr spricht vom Granatapfel und dessen zahlreichen Kernen.

Tatsächlich wächst der Granatapfel seit alters her vor allem in Indiens Süden. Doch aufgrund des Klimawandels, so erfahre ich von dem freundlich-geduldigen Turban-Träger, haben sich inzwischen auch die Bauern in anderen Regionen wie dem nördlichen Himachal-Pradesh entschlossen, die genügsame Krönchen-Frucht anzubauen. Daher bin ich nicht mehr überrascht, als man mir ein paar Tage später am Oberlauf des Ganges in einem kleinen Lokal zum Curry ein köstliches Raita mit frischen Granatapfelsamen serviert – und ich in der Sauce zudem ein paar getrocknete, wie Korinthen anmutende Anardana-Kerne finde …

Längst zählt der Granatapfel auch in unseren Breitengraden ganz selbstverständlich zum Angebot von Feinkostläden, Super- und Stadtteilmärkten. Egal, aus welchen fernen Gärten der Erde er stammt. Die zart bis kräftig leuchtende, zuweilen ins Gelbliche changierende Frucht-Kugel scheint vor allem im europäischen Herbst und Winter allgegenwärtig. So sehe ich im tristen hiesigen November leuchtende Granatäpfel als Dekoration zwischen den Ausstellungskatalogen einer Galerie, eine tönerne, gespaltene Variante der Frucht in einem renommierten Museum – und sogar auf den Flanken eines Gastroservice-Lkws purzelt das Abbild eines riesigen, klaffenden Granatapfels über den weißen Lack – inmitten eines fotografischen Reigens aus Rucola, Feige, Knoblauch, Aubergine und Artischocken.

Der türkische Händler in meinem Viertel bietet längst nicht nur die rote, »saure« Variante des Granatapfels in allen Größen feil, sondern ebenso die helle, süße. Und er fragt fast immer, ob man denn wisse, wie die Frucht am besten zu öffnen zu sei, um der schmackhaften Kerne habhaft zu werden. Für all jene, die sich mit dieser Frage nicht beschäftigen wollen, verkauft der Marktmann die rosenfarbenen Samenperlen auch schon ausgelöst und in Plastikschälchen verpackt. Zudem hat er einen Mitarbeiter eingestellt, der ausschließlich frischen Granatapfelsaft presst.

Im Iran stillen die Menschen seit Langem ihren Durst mit dem köstlichen Fruchtelixier. An der Seite des berühmten Großen Basars von Teheran etwa, wie wir während der Muharram-Feierlichkeiten beobachten konnten. Zwei junge Männer haben dort, in der kurzen Fußgängerzone, ihren mobilen Saft-Stand aufgebaut. Wie die Rädchen eines Uhrwerks greifen ihre Gesten ineinander: Jener, welcher zuvor auch die Bestellungen der Passanten angenommen und das Geld kassiert hat, halbiert die Frucht, reicht sie dem anderen, welcher sie auf die Presse stülpt und mit präzisem Schwung deren langen Hebel umlegt. Drei, vier, fünf Hälften, dann ist die kleine Glaskanne unter dem Auslauf mit rubinrotem Saft gefüllt. Rasch zieht der »Aufschneider« sie weg von der Presse und gießt den Inhalt in hohe Becher, die er nach und nach den Wartenden reicht. Ein kurzes Atemholen – und das Schneiden, Geben, Heben, Pressen, Gießen, Anreichen beginnt erneut.

Stundenlang hätte ich dem eingespielten Duo zuschauen können – so wie ich auch am Anfang unserer Reise, in Shiraz, gar nicht mehr wegwollte von dem Granatapfel-Karren neben dem Eingang zur historischen Vakil-Zisterne. Kunstvoll hatten die beiden Bauern die Früchte auf einem Bett aus frischen, grünen Ranken unter ihrem bunten Sonnenschirm aufgetürmt. Die schönsten der prallen Kugeln waren sorgsam eingekerbt, so dass sich der Blick auf ihre prachtvollen, tiefroten Samen-Perlen bot.

»Weißt du, wie wir als Kinder Granatäpfel ausgetrunken haben?«, fragte mich vor diesem Szenario mein einheimischer Begleiter. Auf mein Kopfschütteln hin schnappte er sich eine der runden Früchte, knetete sie kräftig zwischen seinen Händen, deutete dann an, die Spitze ein wenig abzuschneiden und hob die Frucht zum Mund. »Ganz einfach, siehst du. Nicht mal einen Strohhalm brauchten wir.«

Als wir einige Tage später am Rand der Autobahn ein handgemaltes Schild entdecken, das für – rote und gelbe – Granatäpfel wirbt, bitte ich den Taxifahrer, bei den drei Kisten unter dem liebevoll gestalteten Plakat anzuhalten. Mit seiner Hilfe wechseln nach einigem Feilschen ein halbes Dutzend Früchte beider Farben – »sauer und süß«, erfahren wir – und einige Tausend Toman den Besitzer.

Auf der Weiterfahrt nicke ich ein. Träume von märchenhaften Gärten mit blühenden Granatapfelbäumen; von Prinzessinnen, die, wie in meinen frühen orientalischen Buchgeschichten, in Granatäpfeln wohnen – und von Grenadine. Meine erste trank ich in Lyon. Damals war ich zwölf oder dreizehn und im Schüleraustausch. Dass das tiefrote süße Zeug in meinem Glas sich ursprünglich dem Granatapfel verdankt, wusste ich nicht. Denn es schmeckte einfach nur fremd. Und irgendwie künstlich. Wie echter Granatapfelsirup schmeckt, erfuhr ich erst als Erwachsene – und ausgerechnet in Indonesien.

Ich erinnere mich genau. Aber auch andere Granatapfel-Orte und Situationen aus meinem Leben kommen mir auf den persischen Straßen in den Sinn. Der Ballarò-Markt von Palermo etwa. Der Mercado da Ribeira in Lissabon. Die Datteloase am Rand der südtunesischen Wüste. Zwischen den Palmen stehen dort gedrungene Granat-Bäumchen mit feinblättrigen Zweigen und feuerroten Blüten. Manche von ihnen haben ihre leuchtende Farbe schon eingebüßt und hängen kopfüber von einem kinderfaustgroßen Fruchtball.

Jemen: Auf dem Weg von Sanaa zu den historischen Relikten der Hafenstadt al-Mukha machen wir Rast in Taizz, schlendern staunend durch die staubigen Gassen des offenen Bazars. In einem halboffenen Sack entdecke ich matte, rotbraune Kugeln. Sie sehen aus wie Kastanien mit einem Krönchen, manche haben das Ausmaß von Mandarinen. »Sokotra«, murmelt einer der quatkauenden alten Händler. Meine erste (und einzige) Begegnung mit dieser ursprünglich nur wild vorkommenden Granatapfelart.

Kapali Çarsi, der große Basar von Istanbul: Ein grauhaariger Mann mit tomatenroter Schürze schneidet sorgsam die Spitze von einem halben Dutzend gelber Granatäpfel ab. Und schwärmt uns strahlend von *Nar ekşisi* vor, Granatapfelsirup: »Unser Balsamico«.

Ouled Abdella, ein Dorf am Saum des Mittleren Atlas: Bei meiner Ankunft feiern seine Bewohner gerade das Granatapfelfest. Zhéri, Sefri, Djebi: so heißen die Sorten, die hier im Süden der fruchtbaren marokkanischen Tadla-Ebene gedeihen. Andere tragen Namen wie

Aril, Wonderful, Gordo de Jativa oder Dwarf Semi Evergreen. Jene aus der Region direkt um Beni Mellal, so erzählen stolz die Produzenten, dürfen sich sogar einer geschützten Herkunftsbezeichnung rühmen.

Oman: Längs der Küsten sehen wir in den Oasen nicht nur Tausende von Dattelpalmen. Auch Bananenstauden, Limonen-Bäumchen und Granatapfel-Pflanzungen erfreuen das Auge.

Jordanien: Nach einem langen, faszinierenden Tag in der Felsenstadt Petra serviert uns der Kellner in einem Café ein Glas frisch gepressten Granatapfel-Cranberry-Saft.

An diesem Punkt meiner Reise in die Vergangenheit wache ich auf. Durstig. Meine Wasserflasche ist schon fast leer. Auf dem Display meines Handys finde ich einen Urlaubsgruß der angeheirateten Cousine. Mit einem Bild von einem armenischen Steinkreuz. Ein stilisierter Granatapfel prangt in seiner Mitte.

Am nächsten Tag fällt mein Blick in den Basar-Arkaden von Isfahan auf eine Reihe kleiner Granatäpfel aus farbiger Keramik. Einem sonnengelben kann ich nicht widerstehen.

»Wissen Sie, was es bei uns bedeutet, wenn eine Frau einem Mann einen Granatapfel schenkt?«, fragt mich der Verkäufer. Ich schüttle den Kopf. »Sie zeigt ihm damit, dass sie ihn liebt.«

Einige Daten und Fakten

Das ursprüngliche Verbreitungsgebiet des Granatapfels liegt im westlichen bis mittleren Asien. Es umfasste das heutige Tadschikistan, Turkmenistan, Usbekistan ebenso wie Afghanistan und den Iran, reichte über die arabische Halbinsel und den Kaukasus bis zum östlichen Mittelmeer. Kein Wunder also, dass in einer Grabkammer eines hohen ägyptischen Beamten aus der Zeit von Ramses IV. Granatäpfel als Grabbeigabe gefunden wurden. Auch in den frühbronzezeitlichen Schichten des Tel es-Sa'idiyeh im heutigen Jordanien fand man ein (verkohltes) Exemplar der Krönchenfrucht. Bei Jericho entdeckten Forscher ein Stück Granatapfelrinde in der Abi'or Höhle, welche den Rebellen des Bar-Kochba-Aufstandes 135 n. u. Z. als Unterschlupf diente. Und das bei Kaş in der Türkei gefundene Ulu Burun-Schiff enthielt zyprische Vorratskrüge mit mehr als tausend Granatapfelsamen. Auch im alten Indien existierte schon eine Bezeichnung für die kapriziöse Frucht. Nach China gelangte sie nachweislich erst etwa 100 v. u. Z.; im buddhistischen Glauben zählt der *shí(liú)* bis heute zu den drei gesegneten Früchten (neben dem Pfirsich und der Zitrone).

Im 9. und 10. Jahrhundert brachten die Sarazenen den Granatapfel nach Sizilien und Spanien. Im Zuge der spanischen Kolonialisierung verbreitete er sich dann in Lateinamerika und in der Karibik. Heute wird der Granatapfel unter anderem in Argentinien, Chile, Brasilien und sogar in Australien kultiviert. In Indien »wanderte« die Frucht aus südlichen Gefilden auch auf die bis zu 2000 m hohen Hügel von Kullu, Shimla und Mandi.

Wichtige Anbaugebiete rund um das Mittelmeer sind bis heute vor allem die Türkei und Israel, gefolgt von Spanien, Marokko und Tunesien. Kleinere Flächen liegen inzwischen auch in Italien (vorwiegend in Apulien). In Südafrika gedeiht die Frucht ebenfalls. Sogar in Ungarns Hauptstadt Budapest taucht immer mal wieder zwischen den typischen Straßenbäumen (oder in einem Vorgarten) ein Exemplar des *Punica granatum* auf. Bereits 1653 wuchs auch ein Granatapfelbaum in den Herrenhäuser Gärten bei Hannover, die der Versorgung des kurfürstlichen Hofes dienten. Archäologisch nachgewiesen im deutschsprachigen Raum ist die Frucht allerdings schon im mittelalterlichen Konstanz; ihr altdeutscher Name lautete *Magranopffel*.

NAMEN & RITEN

Ródi heißt die pralle Frucht auf (Neu)Griechisch, *rodiá* der Granatapfelbaum. Bis heute spielen beide sowohl in wirtschaftlicher wie kulinarischer Hinsicht eine wichtige Rolle, aber auch in den Mythen und Riten Griechenlands. So wird nicht nur in Rodiá Irákliou auf Kreta in der Neujahrsnacht ein Granatapfel vor dem Haus zum Platzen gebracht oder ein Brautpaar mit den Kernen beworfen, damit sich Glück und Wohlstand ausbreite und die Nachkommenschaft zahlreich sei. Kretische Bauern brachten einst einen Granatapfel, den sie zuvor in den Sack mit dem Saatgut gelegt hatten, bei der Aussaat auf dem Feld zum Bersten im Glauben, auf diese Weise eine gute Ernte zu erhalten. Im Buch Mose wird der Granatapfel als eine der drei Früchte genannt, die die Kundschafter aus Kanaan mitbrachten, um die Fruchtbarkeit des Landes zu illustrieren. Für das jüdische Neujahrsfest Rosch ha-Schanah ist der Granatapfel daher unverzichtbar, gelten doch seine Kerne, von denen die Gläubigen einige verspeisen, zudem als Sinnbild der Weisheit. Genau 613 dieser glänzenden Perlen enthalte ein perfekter *rim(m)on*, heißt es: entsprechend der Anzahl der Gebote in der Thora. Brasilianer lutschen die Granatapfelkerne zum Jahreswechsel, um sie später, in Papier eingewickelt, als »Geldfänger« ins Portemonnaie zu stecken. Im alten Rom indes versprachen sich jungverheiratete Frauen vom Granatapfel Mutterfreuden und promenierten mit kleinen, aus den Zweigen des Baumes geflochtenen Kränzen.

In anderen Sprachen und Kulturen trägt der Granatapfel ebenfalls eine starke Symbolik – und Namen, die entweder auf sein prächtiges, reiches Innenleben verweisen oder auf seine Herkunft. So erinnert seine portugiesische Bezeichnung *romã* ebenso wie die lateinisch-botanische *Punica granatum* an das Reich der Punier (Karthager), aus dem die Römer nach ihrer Machtübernahme die angeblich besten Granatäpfel bezogen. Im französischen Begriff *grenade* wie im spanischen *la granada,* im italienischen *melagrana/melograno* und im englischen *pomegranate* verbirgt sich das lateinische Wort *granum.* Es bedeutet Korn, Kern oder Samen. Auf Türkisch heißt der Granatapfel *nar* oder *rumman,* auf Arabisch *rumaan,* auf Persisch *nar* und in Hindi *anar(dana)* oder *daru/darim.* In Indonesien ist er als *delima* bekannt.

BOTANIK

Botanisch gesehen zählt der Granatapfel zur Familie der Weiderich-Gewächse. Der sommergrüne Baum kann eine Höhe bis zu sieben Meter erreichen und einige hundert Jahre alt werden. Seine Zweige enden oft in einem Dorn (daher heißt es mitunter, die Dornenkrone Christi sei aus Granatapfelzweigen geflochten worden). Die Blütezeit des Granatapfels liegt normalerweise im Frühjahr und Sommer; in manchen Regionen sind jedoch bis zu drei Blütezeiten üblich. Die großen, roten Blüten sind geruchlos, glocken- oder urnenförmig. Sie stehen einzeln oder in kleinen Gruppen an den Enden der Zweige. Die auffälligen, gezackten Kelchblätter verholzen nach der (etwa drei bis fünf Monate dauernden) Ausbildung der Frucht und sorgen für das charakteristische »Krönchen«. Die Frucht selbst ist eine Scheinbeere. Sie kann eine Größe von bis zu 20 cm Durchmesser erreichen (üblich sind 5 bis 12 cm). Es gibt sie in den Varianten sauer und süß. Erstere ist äußerlich von blassroter bis kräftig pinker oder – seltener – schwarz-violetter Farbigkeit; ein gelbliches Braun kennzeichnet die zweite. Die Schale beider Sorten ist ledrig, manchmal etwas kantig und ungenießbar. Sie lagert viel Wasser ein, was dafür sorgt, dass der Granatapfel beim Erhitzen rasch birst. Für den Export der Früchte wird die Schale oft gewachst und poliert. Das saftige Fruchtfleisch ist durch weißliche Trennhäute in Kammern unterteilt, in denen sich – je nach Größe und Sorte der Frucht – ca. 200 bis 1000 Kerne befinden. Wie die Schale unterscheiden sie sich farblich: die süßen sind blasser als die sauren. Jeder einzelne dieser Samenkerne ist von einer glasigen Fruchtfleischhülle umgeben, die bei Druck leicht platzt.

Wenn wir heute vom Granatapfel sprechen, handelt es sich dabei in der Regel um die Hauptart *Punica granatum.* Daneben gibt es noch den 1882 erstmals beschriebenen Sokotra-Granatapfel (*Punica protopunica)*, der endemisch auf der gleichnamigen, zum Jemen gehörenden, Insel(gruppe) wächst. Die kleine, meist braunschalige Frucht steht seit geraumer Zeit als gefährdet auf der roten Liste der Weltnaturschutzunion IUCN. Die Samen des Sokotra-Granatapfels sind bitter, daher wird die Frucht kaum kulinarisch genutzt. Als Heilmittel und Baumaterial spielt der Granat aber bei den Hirten und Bauern noch immer eine wichtige Rolle So wird die Fruchtschale zu einer Paste verkocht und auf Wunden oder Geschwüre aufgetragen. Alternativ trocknet man sie, mahlt sie zu Puder und behandelt damit auch andere Hautprobleme. Aus dem harten, termitenresistenten Holz des Baumes fertigen die Einheimischen kleinere Werkzeuge und Gerätschaften; die längeren, geraden Äste nutzen sie, um Gatter für ihre Herden zu bauen. Ziehbrunnen und Zisternen werden ebenfalls mit Granatapfel-Holz geschützt. Zudem ergibt es eine gute Holzkohle und wärmt kräftig, ohne viel zu rauchen.

Neben dem *Punica protopunica* und dem *Punica granatum* existieren noch strauchige Zwergformen *(Punica granatum var. nana)* sowie Zier-Granatäpfel.

SYMBOLIK & MYTHOLOGIE

Seit alters her umgibt den Granatapfel eine reichhaltige Symbolik. Seine »Krone«, so heißt es, habe ihn schon früh zum Herrschersymbol prädestiniert. Sowohl die Krone König Salomons als auch die Haupteszierde anderer Herrscher sei der Form des verholzten Granatapfel-Kelchblatts nachgebildet. Als »Apfel mit Krone« stellte der Granatapfel außerdem einen idealen Reichsapfel dar und wurde gerne als Zierde königlicher Zepter verwendet. Im altpersischen Reich trugen die hochherrschaftlichen Leibgardisten Lanzen mit Granatapfelschmuck.

Das vielsamige Innenleben des Granatapfels galt und gilt in nahezu allen Kulturen als Sinnbild für Fülle. Neben materiellem Wohlstand zählte dazu je nach Zeitpunkt und Glaube der Reichtum des Geistes, die Fruchtbarkeit des Körpers und jene der Scholle.

In der griechischen Mythologie ist es die Liebesgöttin Aphrodite, die den Granatapfel auf Zypern als Baum des Lebens pflanzt. Zudem wird Hera, die Gattin des Zeus, häufig mit einem Granatapfel dargestellt. Um deren Geschwister Demeter und Hades rankt sich die Legende der Persephone. Hades hatte das junge Mädchen in sein Totenreich verschleppt. Trauernd über das Schicksal ihrer Tochter hinderte Demeter daraufhin alle Pflanzen am Wachstum. Göttervater Zeus sorgte schließlich für die Rückkehr der Entführten. Ganz glimpflich ging diese allerdings nicht vonstatten. Denn Hades hatte seiner Angebeteten vor dem Aufbruch noch rasch einige Granatapfelkerne zum Verzehr gereicht und damit ein unzertrennbares Band zwischen ihm und ihr geschaffen. Denn: Wer einmal etwas gegessen hat in der Unterwelt, kann nicht mehr dauerhaft auf der Erde leben. Daher, so die Legende, muss Persephone jeweils drei Monate pro Jahr in der Totenwelt ausharren. In dieser Zeit trauert die Mama heftig – und lässt keine Fruchtbarkeit auf irdischen Wiesen und Äckern zu. Aus diesem Grund versinnbildlichte der Granatapfel in der Antike neben Reichtum und Erfolg das Wiedererwachen der Natur, die Verjüngung und Unsterblichkeit. Zudem steht die Frucht für die (Herzens)Liebe sowie für die Ehe und ihren Vollzug – also die erotische Seite der Zuneigung. Ähnliches klingt an im Hohelied des Salomo: Es erwähnt Granatapfelsaft als den Nektar der Liebenden und birgt verführerische Vergleiche der weiblichen Schönheit mit einem Granatapfel.

Die christliche Kirche deutete den roten Granatapfelsaft hingegen als Märtyrerblut und erkor die von einer einzigen Schale umschlossenen Kerne zum Symbol für die in ihrer Glaubensgemeinschaft vereinigten Menschen. Da der Granatapfel in einer harten Schale den süßen Saft schützt, galt er auch als Sinnbild für den äußerlich strengen, im Inneren aber gütigen (Hohe)Priester – und schmückte als Motiv oft dessen Gewand. In der christlichen Kunst erscheint der Granatapfel zudem häufig als Symbol der Reinheit und Jungfräulichkeit (z. B. in der Hand Mariens oder des Jesuskindes). Er steht überdies für reichen Gottessegen, Gnade und Barmherzigkeit. Im Emblem des Ordens der Barmherzigen Brüder ist die Frucht bis heute zu sehen. An Kirchenfassaden und Synagogen begegnet man dem Granatapfelmotiv ebenfalls; die Kapitelle der Säulen des Salomonischen Tempels sollen mit einer Doppelreihe Granatäpfel geschmückt gewesen sein.

Ob es sich bei der biblischen »Frucht der Erkenntnis« und vielleicht auch beim legendären »Zankapfel« der griechischen Mythologie um den Granatapfel handelt, ist ungewiss aber möglich. Den »echten« Apfel kannte man nämlich damals in den betreffenden Ländern noch nicht. Sprachwissenschaftler verweisen in diesem Zusammenhang immer wieder auf die mögliche Verwechslung der beiden lateinischen Begriffe *malus* (schlecht) und *malum* (Apfel bzw. Baum in Verbindung mit anderen Früchten). Unstrittig hingegen ist, dass sowohl die Granate dem Granatapfel ihren Namen verdankt als auch der Schmuckstein Granat. Ihren Ursprung hat die jeweilige Bezeichnung im lateinischen Wort *granum* bzw. *granatus*. Sie verweist bei der Wurfkugel auf ihre Füllung mit Pulverkörnern, beim Granat sowohl auf die Ähnlichkeit der Farbe als auch auf die Tatsache, dass Granatkristalle in vielen Gesteinen stecken wie die Kerne des Granatapfels.

POETISCH & KURIOS

Der Granatapfel in den schönen Künsten
und als Namensgeber

Ob Alte Meister oder die Stars der Moderne – Künstler aller Zeiten zeigen sich fasziniert von der »Venusfrucht«. Verbreitet war das Motiv bereits auf der Keramik des Alten Reiches am Nil im 3. Jahrtausend v. u. Z. Ab Mitte des 2. Jahrtausends v. u. Z. erscheint der Granatapfel auf vielen ägyptischen Wandmalereien. Zudem wurden in Äygpten und auf Zypern schon in der späten Bronzezeit farbige Glasgefäße in Form eines Granatapfels hergestellt. Im Opferschacht eines eisenzeitlichen Tempels bei En Hazeva im damaligen Edomiter-Reich fanden sich Steinanhänger in Granatapfelform. Ziegelreliefs etwa von der Osttreppe der Apadana in Persepolis zeigen die von Herdot *melophoroi* (Apfelträger) genannten persischen Leibgardisten. Sie halten ihre Lanzen senkrecht vor den Körper und setzen deren »Apfel« (Kugel) auf den vorgestellten Fuß.

Einige Wandplatten lukanischer Grabkammern in der Ruinenstätte Paestum bei Salerno zeigen ebenfalls Granatapfelmotive. In der italienischen Kunst der Frührenaissance erscheint der Granatapfel häufig in der Tafelmalerei, seltener auch als Skulptur. Nördlich der Alpen ist das Motiv zu dieser Zeit weniger präsent. Eine prominente Ausnahme macht der Genter Altar der Brüder van Eyck (um 1430) mit einem Granatapfelbaum in seiner Szene der Anbetung des Lamm Gottes.

Von Albrecht Dürer ist eine Handstudie mit Granatapfel von 1519 bekannt. Im Todesjahr von Kaiser Maximilian I. malte der Renaissance-Meister zudem zwei Werke, auf denen der Habsburger Herrscher in seiner linken Hand einen gelben, leicht aufgebrochenen Granatapfel hält. Einer alten Überlieferung zufolge soll die anstelle des üblichen Reichsapfels gemalte Frucht an die Eroberung Granadas durch Ferdinand von Aragon erinnern, den Schwiegervater von Maximilians Sohn Philipp.

Weltliche Herrschaft repräsentiert der Granatapfel ebenso auf in einem Kindheitsbildnis von Napoleon II. François Gérards Werk *Marie Louise und der König von Rom* (1812/13), heute im Schloss Versailles, zeigt den Knaben, wie er mit Hilfe seiner Mutter auf dem Wiegenbett steht und die aufgeplatzte Frucht vor seine Brust hält.

GRANATAPFEL-MADONNEN

Auch und vor allem in der Mariendarstellung des europäischen Mittelalters spielt der Granatapfel eine wichtige Rolle. So ist nördlich der Alpen von Veit Stoß ein kleiner Kupferstich aus der Zeit um 1500 bekannt, betitelt *Madonna mit Granatapfel.*

Hans Holbein der Ältere setzt die Frucht 1512 in seinem Bild *Maria reicht dem Kind einen Granatapfel* ebenfalls in Szene. Auf Matthias Grünewalds wenig später entstandenen *Stuppacher Madonna* spielt das Jesuskind gleichfalls mit einem Granatapfel.

Aus der umbrischen Schaffensperiode Raffaels (um 1504) stammt eine Kreidezeichnung, auf der die Madonna dem vor ihr auf einem Kissen sitzenden Kind einen aufgeplatzten Granatapfel reicht. Das kleine Werk ist heute im Besitz der Grafischen Sammlung der Albertina in Wien und zierte 1969 anlässlich des 200jährigen Bestehens des Museums eine österreichische Briefmarke.

Botticellis *Madonna mit dem Granatapfel* zeigt die Jungfrau Maria mit dem Jesusknaben auf dem Schoss ihres blauen Gewandes. Das nackte Kind fasst mit den Fingern seiner linken Hand in einen geöffneten, von der Mutter gehaltenen rotschaligen Granatapfel. Die Frucht symbolisiert hier wohl zugleich Fruchtbarkeit, Reichtum und Erhabenheit. Zudem verweisen die – wie Blutströpfchen erscheinenden – roten Kerne auf das Opfer, das Jesus bringen wird. Dieselbe Symbolik dürfte der *Madonna Dreyfus* zugrunde liegen.

Viele europäische Stillebenmaler des 16./17. Jahrhunderts wählten den Granatapfel ebenfalls als Motiv, wie etwa die Arbeiten Jacob van Hulsdoncks (z.B. *Stillleben mit Zitronen, Orangen und Granatapfel,* Getty Museum, Los Angeles) zeigen. Auch in der ersten Serie von Arcimboldos *Vier Jahreszeiten* (1563) ist der Granatapfel präsent. In Dante Gabriel Rossettis *Bildnis der Persephone* (Proserpine) von 1874, das heute in der Tate Galery in London hängt, bildet ein seitlich geöffneter Granatapfel in der Hand der Totengöttin zusammen mit ihren granatroten Lippen das Zentrum des Werks.

MODERNE EXOTIK

Bei Europas Künstlern der Moderne steht der Granatapfel vorwiegend für die Welt des Mittelmeeres. Cézanne etwa malte gleich mehr als ein Dutzend Stillleben mit ihm – meist gepaart mit anderen südländischen Früchten. Auf Picassos abstraktem Ölgemälde *La Grenade* von 1911 ist wohl eher die Stadt Granada als ein Granatapfel abgebildet, während sein Werk *Grenade verre pipe* (1912) den Umriss eines Granatapfels bzw. seine geöffnete Hälfte suggeriert. Vier dunkle Punkte lassen an die Fruchtkerne denken, ansonsten ballen sich eckige Formen und Linien in Gelb, Weiß und Grau.

Konkreter fasst das Motiv wieder Salvador Dali. Sein Gemälde *Traum, verursacht durch den Flug einer Biene um einen Granatapfel, eine Sekunde vor dem Aufwachen* (1944) zeigt die Venusfrucht gleich zweifach: Zum einen liegt ein winziger, geschlossener Granatapfel unterhalb der zentralen nackten Frauenfigur; zum anderen schnellt aus einem aufgeplatzten großen Granatapfel im Hintergrund über dem Meer ein großer, orangefarbener Fisch.

Weniger augenfällig, aber dennoch präsent, ist der Granatapfel im monumentalen Bauernkriegspanorama des DDR-Malers Werner Tübke. Als Ausschnitt aus dem Gemälde hat es das Motiv ebenfalls auf eine Briefmarke geschafft (anno 1989).

Maria Sybilla Merians Granatapfel-Bildern – etwa das mit Deckfarben auf Pergament gemalte *Granatapfelbäumchen* oder der Kupferstich *Granatapfel mit Raupe, Kokon und zwei Schmetterlingen* – wurde die Postwertzeichen-Ehre zwar nicht zuteil. Dafür war die 1647 in Frankfurt geborene Naturforscherin und Malerin aber selbst sowohl auf einer deutschen Briefmarke als auch auf der 500-D-Mark-Banknote abgebildet.

MUSTER- & SCHMUCKORNAMENT

Als Muster- und Schmuck-Ornament ist der Granatapfel schon in der Weberei der Assyrer und von koptischen Textilien bekannt. In der Bibel heißt es, Aarons Priestergewand sei mit Bildern von Granatäpfeln verziert gewesen. Bezüglich des Krönungsornats von Kaiser Otto III. lesen wir, er habe über seine wertvoll geschmückte scharlachrote Tunika »*…von Hals und Schultern bis auf Hände und Füße 72 goldene Glöckchen und ebenso viele goldene Granatäpfel herabhängen*«. Als Schmuckelemente von jüdischen liturgischen Gegenständen sind ebenfalls oft Granatäpfel zu sehen.

Auch für die italienische Seidenweberei der Frührenaissance zählte der Granat zu den Hauptmotiven. Frühe indische und javanische Blaudruckmodel zeigen, dass er hier ebenfalls – wie ab dem 17. Jahrhundert in ganz Europa – ein wichtiges Ornament beim Dekorieren von Leinen und Kattun war. Der Granatapfelbaum findet sich als Feldmusterung auch auf Teppichen – und zwar besonders häufig auf jenen aus Ost-Turkestan (Yarkan, Kaschgar, Khotan). Bevor chemische Farben aufkamen, wurden mit den Schalen des Granatapfels auch (Baum)Wolle und Seide gefärbt. Die Palette der Farbtöne reichte dabei von gelblichem Beige über Goldgelb, Grün und Grau bis hin zu Blau und Schwarz (je nach Zugabe zur Beize). Auch Tinte gewann man aus den Schalen.

Im Jugendstil lebte das Granatapfelmuster des italienischen Quattrocento wieder auf: Die britischen Künstler William Morris und Walter Crane entwarfen vor allem Tapeten mit stilisierten Granatäpfeln. Ergänzend verzierten die Art and Crafts-Adepten auch Kacheln mit den in Rot- oder Gelbtönen gehaltenen Früchten. Gut hundert Jahre älter als die britischen Wandplättchen ist eine Delfter Kachel, die einen gelbschaligen, geplatzten Granatapfel zeigt. Ein ähnliches Motiv zierte eine Fliese aus der in der islamischen Kunst seit dem 11. Jahrhundert gefertigten Quarz-Fritte-Keramik. Das gebrannte kleine Quadrat erzielte bei einer Berliner Auktion 3.600 Euro. Für mehr als 5.000 US-Dollar wechselte in New York eine historische Deckelbox in Form eines grünschaligen, mehrfach aufgeplatzten Granatapfels aus der Manufaktur Meissen den Besitzer.

Sogar an Haus- und Kirchenfassaden tritt der Granatapfel oft als Element auf. So sehen wir ihn etwa auf einem Fensterfresko aus dem 16. Jahrhundert am Stiftsmuseum in Innichen (Südtirol). Ein Darmstädter Jugendstilgebäude trägt als Giebel-Schmuck einen Frauenkopf im Granatapfelkranz. Und am Westportal der Kathedrale Notre Dame in Paris lässt sich ein Granatapfelzweig als Halbrelief entdecken. Die Rahmenleiste der von Lorenzo Ghiberti gestalteten zweiten Tür des Baptisteriums in Florenz zeigt ebenfalls Granatapfel-Halbreliefs. Gleiches gilt für die Fassade der historischen Apotheke (Ende 18. Jahrhundert) neben der Irgalmasol-Kirche im ungarischen Städtchen Pécs.

Der architektonische Begriff Balustrade rührt ebenfalls vom Granatapfel her, genauer von der Glockenform seiner Blüte. *Balaustium* heißt sie auf lateinisch, entlehnt vom altgriechischen *balaustion* bzw. dem aramäischen *balatz:* knospen, blühen.

VOLKSKUNST & HERALDIK

Sowohl die Stadt als auch die Provinz Granada tragen den Granatapfel im Wappen. Im Emblem des katalanischen Örtchens Granyena de les Garrigues ist gleich ein ganzer, fruchttragender Granatbaum abgebildet. Im spanischen Staatswappen lässt sich der Granatapfel ebenso entdecken – eine Reminiszenz an das einstige Königreich Granada. Kolumbien trug ursprünglich den Namen Nueva Granada – daher findet sich auch in seinem Landeswappen (ebenso wie in den Emblemen seiner Hauptstadt und der Provinz Caldas) der Granatapfel als Motiv. Das sächsische Örtchen Tharandt, dessen ursprüngliche Bezeichnung Granaten lautete, schmückt sich ebenfalls mit ihm. Gleiches gilt unter anderem für das Vogesenstädtchen Lamarche, ursprünglich als Marchia erwähnt, das okzitanische Gramond und die Gemeinde Pomarède südwestlich von Bergerac – weil vermutlich jene adeligen Familien, die ihre Geschicke einst bestimmten, den Granat im Wappen führten. Im 17. und 18. Jahrhundert zeigen Model für die Hochzeitsbäckerei neben Motiven wie Klapperstorch, Hebamme oder Herz auch den Granatapfel zum Ausdruck des Kinderwunsches des Paares.

LITERATUR

»Deine Stimme zu hören, ist Granatapfelwein für mich.« Es muss ein Dichter aus fernen Zeiten sein, der diese Liebesworte verfasste. Leider kennen wir seinen Namen nicht. Verbrieft indes ist, dass es sich um eine Zeile aus dem *Blütengesang* handelt, der zu den Poemen aus dem Neuen Reich des Alten Ägyptens zählt (1539–1075 v. u. Z.), welche bei Ausgrabungen im Tal der Könige gefunden wurden.

Seit mehr als 3.000 Jahren kennen die Menschen den Granatapfel als Symbol für tiefe Gefühle. So erzählt uns beispielsweise auch Ovid, dass Venus, untröstlich über den Verlust des von ihr geliebten Adonis, aus dem Blut des schönen, tödlich verwundeten Jünglings eine Blume sprießen lässt, gefärbt wie die Blüte des Granatapfels. Und im Hohen Lied Salomons heißt es unter anderem:

»Schön bist du meine Freundin … Rote Bänder sind deine Lippen; lieblich ist dein Mund. Der Spalte eines Granatapfels gleicht deine Schläfe hinter dem Schleier.«

In der persischen Dichtung steht der Granatapfel nicht nur für einen rosigen Teint, sondern auch für die weibliche Brust.

Auch Shakespeare erlag der Faszination des Granats. In seiner Tragödie *Romeo und Julia* setzt er ihm ein literarisches Denkmal, indem er die Protagonistin in der berühmten 5. Szene des 3. Aktes zu ihrem Liebsten sagen lässt:

»Willst du schon geh'n? Der Tag ist ja noch fern.
Es war die Nachtigall und nicht die Lerche,
Die eben jetzt dein banges Ohr durchdrang;
Sie singt des Nachts auf dem Granatbaum dort.
Glaub, Lieber, mir: Es war die Nachtigall.«

In der Neuzeit geriet der Granatapfel dann bei den Dichtern und Denkern ein wenig in Vergessenheit. Dafür blühte und reifte er als Symbol für Liebe, Weisheit und Ruhm in den Märchen vieler Völker. In einer alten jüdischen Geschichte zum Beispiel überführt in Cordoba ein armer Mann, der ein Brot gestohlen hatte, mit Hilfe eines Granatapfel-Samens sogar den Sultan, der ihn hart zu bestrafen gedachte, eines Diebstahls. In einem armenischen Märchen wird der Korbmacher Washa, den sich die Prinzessin trotz seiner Armut zum Gemahl erkoren hatte, zu einem reichen Mann. Aus den drei Granatäpfeln, die er von einer Reise als Kaufmannsgehilfe in seine Hütte hatte schicken lassen, fielen nach dem Halbieren der Früchte statt der Kerne »hunderte schimmernder Perlen, … goldene Ringe … und Rubine und Smaragde« in die Hände der Prinzessin.

Ein portugiesisches Märchen trägt den schönen Titel *Der Granatbaum des Affen* und rankt sich um das weniger schöne Thema Egoismus. Aus der Türkei stammt die Geschichte *Der weinende Granatapfel und die weinende Quitte.* Beide Früchte stehen für scheinbar Unerreichbares, aber der Tapfere und Tugendhafte löst das Problem und erhält zur Belohnung die Hand der Geliebten. Sowohl in einem italienischen wie in einem indischen Märchen wohnen drei schöne Mädchen in den Granatapfelfrüchten. Eine von ihnen verhilft jeweils einem Prinzen zu seinem Liebesglück.

In der Literatur des 18. Jahrhunderts widmet sich Friedrich Wilhelm Ramler, bekannt als *der deutsche Horaz*, in seiner Ode *Auf einen Granatapfel* – wie später auch Goethe in seinem Einpersonenstück *Proserpina* oder Schiller in seinem Gedicht *Das Ideal und das Leben* – dem Mythos der Persephone. Anfang des 19. Jahrhunderts taucht in den Werken von Victor Hugo, des Amerikaners Washington Irving oder auch von Heinrich Heine jene Stadt auf, die wohl dem Granatapfel ihren Namen verdankt: Granada. Im *Mädchenlied* des Lübecker Dichters Emanuel Geibel indes geht es tatsächlich um die Frucht – hier »bluten die Granaten zerspalt'nen Herzen gleich«.

Im 20. Jahrhundert gossen wiederum viele Schriftsteller ihre Begeisterung für die »orientalische« Stadt Granada und die ihr namensgleiche Frucht in Worte. Allen voran Federico Garcia Lorca, was nicht verwundert, stammte der Dichter doch von einem wohlhabenden

Gutsbesitzer aus der Gegend von Granada ab. In seinem *Libro de poemas* schreibt er unter der Titel *La Granada*, diese sei »… como un sueno …« (wie ein Traum) und jeder ihrer Kerne »… una estrela …« (ein Stern). Später schreibt er jedoch, La Granada sei ein »… schnödes Herz, ein Herz, von außen so hart wie der Mensch …« (un corazón que por fuera/es duro como el humano). Der Südfranzose Paul Valéry schwärmt in seinem Sonett *Les Grenades* indes vom trockenen Gold der Frucht-Schale und von den saftig-roten Edelsteinen darunter. Rainer Maria Rilke übersetzte das Gedicht ins Deutsche mit den Worten:

Halboffne Granaten, beengte
die fast schon die Körner verlieren,
Ihr seid mir wie Stirnen, von ihren
Gedanken gewaltig gesprengt.

Wie sehr Rilke selbst von dem damals jenseits der Alpen noch wenig bekannten Granatapfel begeistert war, zeigt sein Brief vom Oktober 1907 aus Paris. Darin schwärmt er seiner Frau Clara über die Frucht vor, von der er zwei Exemplare bei einem Feinkosthändler erstanden hatte: »… was sind sie herrlich in ihrer massiven Schwere, oben noch mit dem Ornament des Blütenstempels; fürstlich in ihrer goldnen Schale, durch die rote Untermalung durchschlägt, stark und echt wie auf dem Leder alter Korduatapeten«.

Selbst nach dem Zweiten Weltkrieg fasziniert der Granatapfel Dichter und Denker noch immer. Wie anders lässt sich erklären, dass der aus Trittenheim an der Mosel stammende Schriftsteller Stefan Andres 1950 einen Gedichtband mit dem Titel *Der Granatapfel* veröffentlicht? Und Hilde Domin schreibt 1959 in einem ihrer Gedichte:

Worte sind reife Granatäpfel,
Sie fallen zur Erde und öffnen sich.
Es wird alles Innre nach außen gekehrt,
Die Frucht stellt ihr Geheimnis bloß
Und zeigt ihren Samen,
Ein neues Geheimnis.

Zu den eindrucksvollsten jüngsten Publikationen, die den Granatapfel im Titel tragen, zählt sicher der Roman *Der letzte Granatapfel* von Bachtyar Ali: ein Märchen scheinbar, in dem jedoch die Realität der kurdischen Heimat des inzwischen im deutschen Exil lebenden Autors immer wieder durchscheint.

FILM

Einem bedeutenden armenischen Dichter, der zugleich auch ein Sänger, Komponist und Geistlicher war, widmet sich der 1968 entstandene russische Film *Die Farbe des Granatapfels*. Sergei Paradžanov behandelt darin die Lebensgeschichte und Poesie von Sayat Nova (1722–1795) zusammen mit den Traditionen, Mythen und religiösen Riten aus jener Zeit. Eine besondere Bedeutung des Granatapfels findet sich auch in *Ararat*, dem kanadisch-armenischen Filmdrama des Regisseurs Atom Egoyan über den totgeschwiegenen Genozid an seinem Volk. In einer wichtigen Szene erzählt der Protagonist, dass seine Mutter auf der Flucht jeden Tag nur einen einzigen Kern der heimlich mitgenommenen Frucht aß und dadurch den Marsch in die syrische Wüste überlebte.

KURIOSA

Wie wichtig der Granatapfel bis heute für die Armenier ist, zeigt sich auch in der Stadt Aznar: Hier wird nicht nur aufwendig ein Granatapfelfest gefeiert, sondern es wächst sogar ein riesiger, bronzener, barock durchbrochener Granatapfel auf einer Verkehrsinsel empor.

Eine futuristische Variante der Frucht lieferte hingegen kürzlich der Sieger eines vom Zentrum für zeitgenössische Kunst in Sizilien ausgelobten Wettbewerbs für aufblasbare Architektur. Bei dem prämierten Entwurf eines Pariser Büros handelt es sich um eine knallrote, semitransparente Hülle, deren sechseckige, zellähnliche Struktur an das Innere eines Granatapfels erinnert. *Grenade* haben die französischen Tüftler ihren Ausstellungs-Pavillon passenderweise getauft. Auch auf anderen Gebieten sorgt der Granatapfel für Inspiration. So existiert in New York schon seit 1998 *Pomegranate Arts*, eine Produktionsfirma, die international renommierte Künstler wie den Komponisten Philip Glass, die Singer-Songwriterin Laurie Anderson oder die Choreographin und Tänzerin Lucinda Childs vertritt.

VON DER LINDERUNG ZUM GENUSS

Der Granatapfel in der Heilkunde und als kulinarische Bereicherung

Schon im Papyrus Ebers, einem der ältesten wissenschaftlichen Texte des alten Ägypten, wird der Granatapfel als Medizin erwähnt. Auch Hippokrates, der berühmteste Arzt der Antike, schreibt ihm heilende Wirkung zu. So empfiehlt er die Blätter des Granatapfel-Baumes zur Wundheilung und als entzündungshemmendes Mittel. Bei Dioskurides und Plinius lässt sich nachlesen, dass die

Blüten, die Fruchtschalen und die Wurzeln des Granatbaumes häufig gegen den Bandwurm eingesetzt wurden.

Im Mittelalter geriet das Heilwissen um den Granatbaum jedoch – zumindest auf dem europäischen Kontinent – weitgehend in Vergessenheit. Zwar werden im Bockschen *Kreutterbuch* aus dem 16. Jahrhundert Granatapfelkernen, -blüten und der Fruchtrinde neben adstringierender, stopfender, kühlender, fieberwidriger und blutstillender Wirkung auch eine wurmtreibende nachgesagt. Als stark wirkendes Wurmmittel indes kommt die Rinde erst wieder Anfang des 19. Jahrhunderts in Gebrauch: Der schottische Arzt und Naturkundler Francis Buchanan-Hamilton hatte ihren Einsatz während seines langen Indienaufenthaltes kennengelernt.

Aber nicht nur die indische (Ayurveda)-Medizin kennt seit langem die Wirkung des Granats auf den menschlichen Körper. Auch den Chinesen waren Baum und Frucht bereits in frühester Zeit bekannt – etwa als probates Mittel gegen Magenleiden.

In der aktuellen Naturheilkunde unserer Breitengrade spielt der Granatapfel(baum) ebenfalls eine wichtige Rolle. Die Schulmedizin hingegen tut sich recht schwer mit ihm. Zwar werden immer wieder (Human- und Tier-)Studien publiziert, die von der positiven Wirkung der Granatapfel-Inhaltsstoffe berichten, u. a. bei Adipositas, Prostatakrebs, Herz-Kreislauf-Erkrankungen, hohem Blutdruck, Atherosklerose, Magengeschwüren, Gelenkbeschwerden, Demenz, weiblichen Wechseljahresbeschwerden und Erektionsstörungen im Alter. Kritiker monieren jedoch, die Ergebnisse seien nicht ausreichend belegt.

Anerkannt ist hingegen, dass in der tiefroten Frucht Phytoestrogene (pflanzliche Hormone), wichtige Mineralstoffe (Kalium vor allem) sowie Antioxidantien stecken, allen voran die Flavonoide. Und dass der Granatapfel ein Lieferant ist von Vitamin C, B1, B2, B6, E, Folsäure sowie Beta-Carotin. Bei den Polyphenolen übertrifft der Granatapfel sogar Grüntee, Rotwein, Trauben- oder Blaubeersaft. Der Vitamin-C-Gehalt ist allerdings bei Weitem nicht so hoch, wie man oft hört: Im Vergleich zu Rosenkohl mit 110 Milligramm pro 100 Gramm und einem Glas Orangensaft mit 45 Milligramm pro 100 Gramm kommt der Granatapfel lediglich auf sieben Milligramm. Der Zuckergehalt liegt bei rund 16 Milligramm. Dafür haben 100 Gramm frischer Granatapfel nur knapp 80 Kalorien.

WOMIT WIR BEI DER KULINARIK ANGELANGT SIND

Frische Granatäpfel liegen schwer und prall in der Hand. Sie reifen nicht mehr nach und halten sich bei Zimmertemperatur ein bis zwei Wochen, im Kühlschrank sogar länger. Zwar schrumpft die Schale, doch das Fruchtinnere bleibt frisch. Man kann auch die ganze Frucht einfrieren (waschen und in einen Gefrierbeutel geben) oder Saft und Kerne auf diese Weise aufbewahren (maximal ein Jahr).

Die größte Herausforderung im Umgang mit der köstlichen Frucht stellt meist das Auslösen ihrer Kerne dar. Denn Saft und Perlen färben stark! Es gibt drei mehr oder minder erprobte Methoden, dem Granatapfel sein köstliches Inneres zu entlocken: Wässern, Klopfen und die klassisch »sanfte«.

Letztere ist den Geschickten und Mutigen vorbehalten: Zunächst gilt es dabei, das »Krönchen« des Granatapfels großzügig abzuschneiden. Danach wird die Fruchtschale mehrfach senkrecht eingeritzt. So lassen sich einzelne Schnitze wie Blütenblätter aufbiegen. Nun mit den Fingern die Kerne herausrubbeln.

Ähnlich geht man bei der deutlich weniger fleckenträchtigen Wassermethode vor. Nachdem am Kelch eine dünne Scheibe abgeschnitten und die Fruchtschale vorsichtig mehrfach längs eingeritzt wurde, legt man den Granatapfel in ein tiefes Behältnis mit kaltem Wasser und bricht ihn dort in mehrere Stücke. Die Samenkerne können nun quasi im Tauchgang ohne Spritzen herausgelöst werden, während Schalenteile und Frucht-Membranen bzw. Samenkammern oben schwimmen und »abgefischt« werden können. Zum Schluss das Wasser abgießen und die Kerne über einem Sieb abtropfen lassen.

Für die Klopfmethode benötigt man ebenfalls eine tiefe Schüssel. Über ihr wird der Granatapfel in zwei Hälften geschnitten und dann seine Schale jeweils mit einem (Holz)Löffel so lange traktiert, bis alle Kerne in dem Gefäß gelandet sind. Am besten klopft man dabei vom Rand der Frucht zur Mitte hin. Allerdings landen sicher auch ein paar Schalenstücke mit unter den Samenperlen.

Für die Gewinnung von Granatapfelsaft gibt es ebenfalls alternative Vorgehensweisen. Zum einen lässt sich die halbierte Frucht einfach auspressen wie eine Orange. Zum anderen kann man die ausgelösten Kerne in einen verschließbaren Gefrierbeutel geben und vorsichtig mit einem Nudelholz quetschen. Im Mixer werden die Granatapfelperlen nicht zu Saft, sondern zu einer dicklichen hellrosa Masse, denn hier wird der ölhaltige Samenkern mit zerkleinert. Der Samenbrei kann jedoch durch ein Sieb passiert werden und so erhält man doch noch ein wenig Flüssigkeit, die sich jedoch in Konsistenz und Aroma deutlich vom händisch hergestellten Saft unterscheidet.

Aus dem frischen, reinen Saft der Früchte lässt sich unter anderem Granatapfelgelee herstellen. Zu Sirup eingekocht verfeinert der Saft Cocktails und Kuchen oder wird – wie in der orientalischen Küche – für Salatdressings verwendet, zum Aromatisieren und Eindicken von Eintöpfen oder zum Marinieren von Fleisch. Im Iran und in Aserbaidschan ist Granatapfelsirup wichtiger Bestandteil traditioneller Gerichte: Er sorgt dort für eine herbe Fruchtigkeit, vor allem in Saucen (z. B. Narsharab, wörtlich: Granatapfelwein).

In Syrien und in der Türkei wird Muhammra, ein Vorspeisendip aus gerösteten Paprikaschoten, Walnüssen und Knoblauch oft mit Granatapfelmelasse verfeinert. In Indien stellt man aus den getrockneten Kernen einer wilden Granatapfelsorte sowie einer Zuchtvariante, die zum Essen als zu sauer empfunden wird, die Würze Anardana her. Sie wird – mitunter zu Pulver zermahlen – ähnlich verwendet wie Tamarinde, Kokum und Amchur: für das Kichererbsencurry Chole zum Beispiel, das Linsengericht Dal Tadka oder Aloo Anardana. Die gerösteten Samen sehen aus wie Korinthen. Ursprünglich wurden sie etwa 14 Tage auf dem Hausdach der Sonne ausgesetzt; heute werden sie industriell geröstet.

In Griechenland, auf Zypern und in der orthodoxen Diaspora gibt es ebenfalls viele Rezepte mit Granatapfel, darunter Kollivozoumi, eine sämige Suppe auf der Basis von gekochtem Weizen. Auch für Koliva, einer Speise zum Gedenken an die Toten, stehen Granatapfelkerne auf der Zutatenliste. In der Küche des Mittleren Ostens wird der Fruchtsirup zum Glasieren von Lammkebab verwendet. Und auf der jemenitischen Insel Sokotra nutzen die Bauern und Hirten die Schale ihrer endemischen *Punica protopunica* zum Ansäuern der Milch von Ziege und Schaf.

Bereits im Alten Ägypten wurde aus dem säuerlichen Fruchtfleisch des Granatapfels eine Limonade hergestellt: Schedech-it. In der Antike aromatisierten sowohl die Griechen als auch die Römer ihren Wein mit Granatapfel. Zudem fanden Spezialisten antiker Kulinarik heraus, dass der Granatapfel schon früh die Basis für ein eigenes fermentiertes Getränk bildete, das in etwa einem heutigen (trockenen) Roséwein entspricht – mit fast 17 Prozent Alkoholgehalt. Noch heute produziert unter anderem Armenien Granatapfelwein – allerdings meist halbtrocken ausgebaut (mit beinahe 12 Prozent Alkoholgehalt). In der Türkei hat sich sogar ein deutscher Winzer dieses Themas angenommen.

Granatapfelperlen schmecken aber auch frisch und unverarbeitet: Man kann sie ins Müsli geben oder zum Obstsalat, mit verschiedenen Blattsalaten kombinieren, mit Kohlvarietäten und Käse paaren. Die fruchtig-herbere Variante passt überdies zu Fisch und Meeresfrüchten ebenso wie zu Lamm, Wild und Geflügel. Couscous, Bulgur, Reis und Süßkartoffeln sowie viele Gemüsesorten harmonieren ebenfalls bestens mit Granatapfel. Und wer je in Mexiko das Nationalgericht Chiles en Nogada gegessen hat, weiß, dass die rubinroten Fruchtkerne es durchaus auch mit Poblano-Paprika und scharf gewürztem Hackfleisch aufnehmen können. Von ihrem Können in Sachen Dessert ganz zu schweigen.

REZEPTE

Der Granatapfel ist quasi ein kulinarischer Alleskönner, seine Einsatzmöglichkeiten reichen von salzig bis süß. Selbst vor Alkohol scheut die große Beere sich nicht. Wegen der schöneren Farbigkeit haben wir für all unsere Rezepte »saure« Granatäpfel verwendet, also jene mit tiefroten Kernen.

In der orientalischen Küche wird Granatapfel-Melasse, gelegentlich auch Granatapfel-Sirup genannt, ähnlich wie Balsamico verwendet: in Saucen, Dips und Marinaden. Erzeugt wird dieser dickflüssige Sirup in der Regel durch das Einkochen von »sauren« Granatäpfeln mit Zitronensaft und ein wenig Zucker. Man kann die Melasse auch selber herstellen – und nach Belieben mit Honig süßen.

Süßer Granatapfelsirup bzw. echte Grenadine (für Cocktails, Desserts, Gebäck) wird aus dem Saft von Granatäpfeln, Zucker und Wasser gewonnen. Einfacher lässt sie sich aus Biogranatapfel-Muttersaft herstellen, der mit der gleichen Menge weißen Kristallzuckers unter stetem Rühren langsam erwärmt wird, bis sich der Zucker vollständig gelöst hat. Nicht kochen lassen! Echte Grenadine hält sich im Kühlschrank bis zu zwei Monaten. Beides ist nicht zu verwechseln mit der heute industriell hergestellten Grenadine.

Granatapfel-Konzentrat ist gänzlich frei von Zusatzstoffen; es wird ausschließlich aus dem frischen Saft von Granatäpfeln hergestellt, der verdampft wird.

Die Backofen-Temperaturen beziehen sich, wenn nicht anders angegeben, auf Ober- und Unterhitze.

Früchte-Rougail

Kleingeschnittene, pikant bis scharf gewürzte Früchte und Gemüse als Begleitung zu Fleisch und Fisch sind fester Bestandteil der Küche des Indischen Ozeans. Unsere Variante passt vor allem gut zu Huhn und gegrilltem Fisch.

Für 4–6 Portionen: 1 Granatapfel • 1 Limette • 1 grüner Apfel • 1 Tomate • 1 Lauchzwiebel • 2 Zweige Minze • 4 EL Olivenöl • schwarzer Pfeffer aus der Mühle • Salz

Granatapfelkerne auslösen, Limette auspressen. Apfel schälen, in kleine Würfel schneiden und mit dem Limettensaft mischen. Tomaten ebenfalls fein würfeln. Lauchzwiebel in dünne Ringe schneiden. Minzblättchen abzupfen und kleinhacken. Alle Zutaten in einer Schüssel mit dem Olivenöl vermischen. Mit Salz und Pfeffer würzen.

Asche-e Anar

Persische Granatapfelsuppe

Im Iran wird *Asche-e Anar* auch mit Hackfleischbällchen aus Rind oder Lamm serviert.

Für 4–6 Portionen: 1 EL Olivenöl • 1 gehackte Zwiebel • 1 l Wasser • 40 g gelbe Schälerbsen • 1 TL Kurkuma • 1 TL Salz • ½ TL Pfeffer • 50 g glatte Petersilie • 20 g Koriandergrün • 20 g frische Minze • 4 Schalotten • 75 g Reis (alternativ: rote Linsen) • 4 EL Granatapfel-Konzentrat • einige Granatapfelkerne

Öl in einem Topf erhitzen, Zwiebel darin glasig dünsten. Mit dem Wasser ablöschen. Schälerbsen und Gewürze zugeben, auf kleiner Flamme zugedeckt 30 Minuten köcheln. Inzwischen Petersilie, Koriandergrün, Minze und Schalotten fein hacken. Mit dem Reis zur Suppe geben. Granatapfel-Konzentrat einrühren und bei geringer Hitze 20 Minuten weiterkochen. Zum Servieren mit Granatapfelkernen dekorieren.

Auberginen mit Granatapfel

Nach einem Rezept von Yotam Ottolenghi.

Für 4 Portionen: 8 TL Granatapfel-Melasse • 60 ml Olivenöl • Salz • 3 große Auberginen • 1 Granatapfel • 1 Knoblauchzehe • 300 g griechischer Joghurt • 2 TL Tahini-Paste • weißer Pfeffer aus der Mühle • 1 TL geröstete Koriandersamen • 10 g Korianderblätter

Den Ofen auf 200 °C vorheizen. Für die Marinade Granatapfel-Melasse mit dem Olivenöl und 1 TL Salz verquirlen. Auberginen vom Stiel befreien und in ca. 2 cm dicke Scheiben schneiden. Auf Backpapier auslegen und beidseitig großzügig mit der Marinade bepinseln. In den Ofen geben und ca. 25 Minuten rösten, bis sie weich und karamellisiert sind. Nach der Hälfte der Zeit die Auberginen umdrehen. Danach zur Seite stellen und abkühlen lassen.

Granatapfelkerne auslösen, Knoblauch fein hacken, mit Joghurt und Tahini in einer Schüssel mit Salz und einer Prise Pfeffer verrühren; zur Seite stellen. Auberginenscheiben auf einem Teller anrichten, Joghurt-Tahini-Soße darüber geben. Zum Servieren mit Koriandersamen und Granatapfelkernen bestreuen, mit Korianderblättchen garnieren.

Warmer Rotkohlsalat

Für 4 Portionen: 2 rote Granatäpfel • 1 grüner Apfel • 3 EL Essig (am besten Balsamico bianco) • 200 g Walnusskerne • 1 Bund krause Petersilie • 4 frische Datteln • 1 Rotkohl (ca. 1 kg) • 2 EL Honig (vorzugsweise Lavendel-) • 1 EL Currypulver • 4 EL Olivenöl • Meersalz • schwarzer Pfeffer aus der Mühle

Granatapfelkerne auslösen, Apfel in Spalten schneiden und mit etwas Essig beträufeln, Walnüsse in einer fettfreien Pfanne anrösten. Petersilie waschen und abzupfen. Datteln entsteinen und kleinschneiden.

Kohl vom Strunk befreien und in Salzwasser im Ganzen weichkochen. Kohlblätter mit einem Schaumlöffel herausheben und noch warm in Streifen schneiden. Granatapfelkerne, Apfelspalten, Walnüsse und Petersilie zugeben, alles vermengen.

300 ml vom heißen Kochwasser abnehmen, mit Honig, Currypulver, Olivenöl und restlichem Essig vermischen. Die heiße Marinade über den Kohl gießen, mit Meersalz und Pfeffer abschmecken.

Salat von schwarzen Oliven

Für 4 Portionen: 2 Granatäpfel • 125 g gute schwarze Oliven • 125 g Walnüsse • 4–6 Frühlingszwiebeln • 1 Bund Koriandergrün • 1,5 EL Zitronensaft • 3 EL Olivenöl • Salz • schwarzer Pfeffer aus der Mühle

Granatapfelkerne auslösen, Oliven entsteinen. Walnüsse grob hacken, Frühlingszwiebeln kleinschneiden. Korianderblättchen abzupfen und alles zusammen in eine Schüssel geben. Zitronensaft und Olivenöl verrühren, mit Salz und Pfeffer abschmecken. Über die Granatapfel-Oliven-Mischung gießen und gut durchziehen lassen.

Salat mit Ziegenfrischkäse

Für 4 Portionen: 4 Chicorée • 2 Handvoll Feldsalat • 1 Granatapfel • 2 EL Kapern • 2 EL Zitronensaft • 2–3 EL Apfelessig • 2 EL Honig • 6 TL Olivenöl • Salz • Cayennepfeffer • 4 kleine Ziegenfrischkäse (à ca. 80 g) oder eine Ziegenfrischkäserolle • 80 g geröstete Pinienkerne

Chicorée waschen und in Blätter zerlegen; Strunk dabei entfernen. Feldsalat waschen, putzen und trockenschleudern. Beides auf einer Platte anrichten. Granatapfel halbieren und Kerne herauslösen. Mit Kapern, Zitronensaft, Essig und Honig verrühren; ca. 10 Minuten ziehen lassen. Dann das Öl zugeben und mit Salz und Cayennepfeffer abschmecken.

Ziegenkäse auf ein mit Backpapier belegtes Backblech setzen (Rolle zuvor in 4 Scheiben schneiden) und im Backofen unter dem vorgeheizten Grill einige Minuten goldgelb überbacken.

Salat auf Tellern verteilen und mit etwas Dressing beträufeln. Die noch warmen Ziegenkäse(scheiben) daaufsetzen und das restliche Granatapfel-Kapern-Dressing kreisförmig darum herum verteilen. Mit Pinienkernen bestreut sofort servieren.

Lauwarmer Rote-Bete-Rhabarber-Salat

Für 4 Portionen: 800 g Rote-Bete-Knollen (wenn möglich in verschiedenen Farben) • 300 g Rhabarber • 30 g Zucker • 1 rote Zwiebel • 1,5 EL Granatapfelsirup • 2 TL Sherryessig • 2 EL Olivenöl • ½ TL gemahlener Piment • Salz • schwarzer Pfeffer aus der Mühle • 20 g Petersilienblätter • 100 g Gorgonzola oder anderer Blauschimmelkäse

Backofen auf 220 °C vorheizen. Rote-Bete-Knollen einzeln in Alufolie wickeln, auf ein Backblech legen und je nach Größe 40–70 Minuten backen, bis sie weich sind. Etwas abkühlen lassen, schälen und in 2 cm große Würfel schneiden.

Rhabarber putzen und schräg in ca. 2,5 cm lange Stücke schneiden. Den Zucker auf einem mit Backpapier ausgelegten Blech ausstreuen und den Rhabarber darin wenden. Anschließend etwa 10–12 Minuten backen, bis die Rhabarber-Stücke weich sind, aber nicht zerfallen. Abkühlen lassen.

Granatapfelsirup, Essig, Öl, Piment sowie ¼ TL Salz und 1 kräftige Prise schwarzen Pfeffer verrühren. Zwiebelstreifen hinzugeben und einige Minuten ziehen lassen. Petersilienblättchen sowie Rote Bete hinzufügen und alle Zutaten sorgfältig vermischen. Kurz vor dem Servieren den Gorgonzola in kleinen Stücken unterheben und die Rhabarberstücke mit ihrer Garflüssigkeit zugeben. Alles vorsichtig vermengen und sofort servieren.

Jakobsmuschel-Carpaccio

Ein leichter Menüauftakt, nach einem Rezept von Jean-Marie Baudic in Saint-Brieuc.

Für 4 Portionen: 1 Granatapfel • 12 Jakobsmuscheln • Olivenöl • 20 g Senffrüchte (Mostarda di Cremona) • Fleur de Sel • schwarzer Pfeffer aus der Mühle •

Granatapfelkerne auslösen. Jakobsmuscheln öffnen und das weiße Muschelfleisch samt orangefarbenem Rogen herauslösen. Den Rogen abschneiden, Muschelfleisch und Rogen unter fließendem kaltem Wasser waschen und trockentupfen. Jakobsmuschelfleisch in dünne Scheiben schneiden. Auf einem großen flachen, leicht mit Öl ausgepinselten Teller arrangieren. Den Rogen daraufsetzen. Mit Fleur de Sel, Mostarda di Cremona und grob geschrotetem Pfeffer würzen, mit Olivenölfäden und Granatapfelkernen dekorieren.

Riesengarnelen mit Trüffel & Granatapfel

Für 4 Portionen: 500 g Black Tiger Garnelen • 1 Granatapfel • 2 EL Olivenöl • Saft von ½ Zitrone • 1 TL Trüffelöl • Salz • schwarzer Pfeffer aus der Mühle • 125 g Rucola • 125 g schwarze Trüffel • 30 g Butter

Garnelen gegebenenfalls auftauen lassen und trocken tupfen. Granatapfelkerne auslösen und mit Olivenöl, Zitronensaft und Trüffelöl in einer Schüssel mischen. Mit Salz und Pfeffer abschmecken. Rucola waschen und trockenschleudern. Trüffel in dünne Scheiben hobeln.

Butter in einer kleinen Pfanne sanft erhitzen und aufschäumen lassen. Garnelen darin auf jeder Seite 1-2 Minuten braten. Trüffelscheiben zugeben, mit Salz und Pfeffer würzen.

Rucola mit den marinierten Granatapfelkernen vermischen. Zum Anrichten auf vier Teller verteilen und die Garnelen mit den Trüffelscheiben obenauf legen.

Tatar von zweierlei Lachs

Für 8 Portionen: 300 g Räucherlachs (Rücken) • 800 g frisches Lachsfilet • 4 Artischocken • 2 Bio-Zitronen • 1 EL Mehl • 1 TL Bikarbonat oder Backpulver • Salz • 4 EL Olivenöl extra vergine • Salzflocken (geräuchert) • ½ Granatapfel • 1 kleines Bund Dill • schwarzer Pfeffer aus der Mühle

Vom Lachs die Haut entfernen und die Gräten ziehen. Artischocken mit einem scharfen Messer von ihren Blättern befreien. Eine der Zitronen auspressen. Saft in einen Topf mit reichlich kaltem Wasser gießen, Mehl, Bikarbonat und Salz untermischen. Artischockenherzen einlegen und zum Kochen bringen. Etwa 25–30 Minuten köcheln, bis die Herzen zart sind. Abgießen und abkühlen lassen.

In der Zwischenzeit die beiden Lachsstücke in ca. 1 cm kleine Würfel schneiden und in eine Schüssel legen. Die Schale der zweiten Zitrone abreiben, dann die Frucht auspressen. Saft und Zeste mit den Fischwürfeln und Olivenöl vermengen. Granatapfelkerne auslösen und dazugeben.

Dill fein zupfen, Artischockenherzen in der Größe der Lachsstücke würfeln und beides mit dem Fisch vermengen. Mit Salz und Pfeffer würzen und mindesten eine Stunde kühl durchziehen lassen. Mit frischem dunklem Brot oder Baguette servieren.

HAUPTGERICHTE

Blumenkohl mit Granatapfel und Haselnüssen

Für 4 Portionen: 1 mittelgroßer Blumenkohl • 5 EL Olivenöl • 1 Stange Staudensellerie • 3 Stängel glatte Petersilie • 30 g Haselnüsse • 50 g Granatapfelkerne • ⅓ TL gemahlener Zimt • ⅓ TL gemahlener Piment • 1 EL Sherry- oder Champagner-Essig • 1,5 TL Ahornsirup • Salz • schwarzer Pfeffer aus der Mühle

Ofen auf 220 °C vorheizen. Blumenkohl in kleine Röschen zerteilen. Sellerie in dünne Streifen schneiden, Petersilienblättchen von 2 Stängeln abzupfen. Kohlröschen, Sellerie sowie Petersilie mit 3 EL Olivenöl, ½ TL Salz und schwarzem Pfeffer vermischen. In einer feuerfesten Form ausbreiten und im Ofen für 25–35 Minuten goldbraun rösten. In eine Schüssel geben und leicht abkühlen lassen.

Ofentemperatur auf 170 °C absenken. Haselnüsse für ca. 15 Minuten zugedeckt mit Backpapier backen. Herausnehmen, abkühlen lassen und grob hacken.

Kohlröschen, Nüsse, Sellerie, Granatapfelkerne und Gewürze vermischen, Essig und Ahornsirup unterziehen Mit Salz und Pfeffer abschmecken. Noch lauwarm mit Petersilienblättchen dekoriert servieren. Dazu passt gut eine scharfe Chorizo-Wurst oder Merguez.

Süßkartoffelpüree mit roten Zwiebeln

Für 6–8 Portionen: 800 g mittelgroße rote Zwiebeln • 300 ml frisch gepresster Granatapfelsaft • ¼ TL gemahlener Zimt • 2 Bio-Orangen • 1 Würfel Gemüsebrühe • 2 EL Olivenöl • 4 Gewürznelken • 2 Lorbeerblätter • 2 kleine Zweige Rosmarin • 1 ½ kg Süßkartoffeln • 60 g Butter • Salz • Pfeffer aus der Mühle • einige Granatapfelkerne

Zwiebeln schälen, vierteln und in einen Gefrierbeutel legen. Granatapfelsaft und Zimt mischen, dazugießen. Beutel möglichst ohne Luft verschließen, Zwiebeln über Nacht im Kühlschrank marinieren.

Zwiebeln vor der Zubereitung abtropfen lassen, Saft auffangen. Orangenschale mit einem Zestenreißer in dünnen Streifen abziehen. Saft auspressen, mit dem Granatapfelsaft mischen. Leicht erwärmen, Bouillon-Würfel im Saft auflösen.

Zwiebeln in einer großen Pfanne im Öl auf beiden Schnittflächen je 5 Minuten anschwitzen. Orangenschale, Nelken, Lorbeer und Rosmarin kurz mitdünsten. Mit Bouillon-Saft ablöschen. Nicht ganz zugedeckt 1 Stunde sanft schmoren lassen. Zwiebeln ab und zu wenden, dabei jedoch immer nur auf die Schnittflächen legen.

Gewürze und Orangenschale entfernen, Sauce eventuell etwas einkochen, mit Salz und Pfeffer abschmecken. Zugedeckt warm stellen.

Etwa 30 Minuten vor Ende der Garzeit der Zwiebeln die Süßkartoffeln schälen, würfeln und im Dampf ca. 15 Minuten gut weich garen. Zu Stampf zerdrücken, Butter in Flocken untermischen, salzen, pfeffern. Süßkartoffelpüree mit Zwiebeln und Sauce anrichten, mit Granatapfelkernen dekorieren.

Saibling auf Champagner-Granatapfel-Risotto

Für 4 Portionen:
Für den Fisch: 8 Saiblings-Filets à ca. 100 g • Salz • Saft von ½ Zitrone • Pfeffer • 100 g doppelgriffiges Mehl • 2 EL Butterschmalz • ein paar Zweige Salbei und Rosmarin
Für das Risotto: 2 Schalotten • 2 EL Olivenöl • 300 g Risotto-Reis • 200 ml Champagner • 800 ml Gemüsebrühe oder Fischfond • 2 EL kalte Butter • 80 g frisch geriebener Parmesan • ½–1 TL Honig • Saft von ca. ½ Zitrone • Pfeffer • 4–5 EL Granatapfel-Kerne

Zuerst das Risotto zubereiten. Schalotten farblos im Olivenöl anbraten. Reis zugeben und leicht andünsten. Champagner zugießen und unter Rühren ein wenig einkochen lassen. Etwas heiße Brühe bzw. heißen Fischfond angießen und köcheln lassen, dabei immer wieder umrühren. Flüssigkeit in zwei weiteren Portionen zugeben und unter Rühren einkochen lassen, bis das Risotto die richtige Konsistenz hat (ca. 18 Minuten). Butter und Parmesan unterziehen. Zum Schluss mit Honig, Zitronensaft und etwas Pfeffer verfeinern. Kurz vor dem Servieren die Granatapfelkerne untermischen.

Saiblings-Filets salzen, mit etwas Zitronensaft beträufeln und mit Pfeffer würzen. Die Filets in Mehl wenden und in heißem Butterschmalz von beiden Seiten goldbraun etwa 4–5 Minuten braten. Salbei und Rosmarin mit in die Bratpfanne geben. Risotto mit je zwei Saiblings-Filets auf Tellern anrichten. Eventuell mit einem Faden frisch gepresstem Granatapfelsaft dekorieren.

Wachteln in Granatapfelsirup

Für 4 Portionen: 8 Wachteln • 15 g Butter • 1 EL Olivenöl • 1 Granatapfel • 75 ml Balsamico-Essig Zum Marinieren: 1 EL Olivenöl • Saft von 2 Zitronen • 2 Lorbeerblätter • 2 grob gehackte Knoblauchzehen • 1 TL Salz • 1 TL grob zerstoßener schwarzer Pfeffer • 3 EL Honig

Wachteln für mindestens 4 Stunden in die Marinade legen. Anschließend trockentupfen, Marinade aufbewahren. Ofen auf 200 °C vorheizen. Wachteln mit Butter und Olivenöl bestreichen, salzen und pfeffern und für ca. 25 Minuten in den Ofen geben. Granatapfelkerne auslösen, einige zum Dekorieren beiseitelegen. Marinade mit den Kernen und dem Balsamico in einen Topf geben und gut 15 Minuten einkochen, bis die Mischung eine sirupartige Konsistenz hat. Je zwei Wachteln auf Tellern anrichten, mit der Sauce übergießen und mit einigen Granatapfelkernen dekorieren. Als Beilage eigenen sich Pastinaken.

Khorescht-e Fesendschan
Hühnerragout mit Walnuss-Granatapfelsauce

Khorescht-e Fesendschan zählt zu den Klassikern der persischen Küche.

Für 4–6 Portionen: 500 g Hühnerbrust • 1 Zwiebel • 1 Knoblauchzehe • ¼ TL Safranfäden • 1 EL Öl • 1 TL Kurkuma • ½ TL Zimt • 1 TL Salz • Pfeffer aus der Mühle
Für die Sauce: 250 g Walnusskerne • ½ TL Kurkuma • ½ TL Salz • Pfeffer aus der Mühle • 100–200 ml Granatapfelsirup

Für die Sauce die Walnusskerne fein mahlen. In einem großen Topf 400 ml Wasser erhitzen. Walnüsse mit den Gewürzen darin bei geringer Hitze bedeckt ca. 1 Stunde kochen, bis das Nussöl austritt. Wenn die Sauce zu dick wird, noch etwas Wasser zufügen. Den Granatapfelsirup zugeben und eine weitere Stunde köcheln lassen.

Inzwischen die Hühnerbrust in Würfel schneiden. Zwiebel und Knoblauch schälen und fein hacken. Safran mörsern und in 1 EL heißem Wasser auflösen.

Öl in einer Pfanne erhitzen, die Zwiebeln und Kurkuma darin knusprig braten. Hühnerfleisch und Gewürze samt Knoblauch sowie Safranwasser zugeben. Alles bei geringer Hitze ca. 20 Minuten garen.

Hühnerstücke in die Walnuss-Sauce legen und nochmals kurz durchziehen lassen.

Mit (persischem) Reis servieren oder schlichtem Basmati.

Putenbraten mit Granatapfel-Kirsch-Salsa

Für 4 Portionen: 600 g Putenbrust am Stück • 2 EL Honig • Abrieb einer Bio-Zitrone • 2 EL Rapsöl • Salz • Pfeffer aus der Mühle • Küchengarn
Für die Salsa: 1 Granatapfel • 1 große rote Zwiebel • 1 Jalapeño-Chili • 1 EL Rapsöl • 60 ml Kirschsaft • 100 g getrocknete Kirschen • 240 ml Geflügelbrühe • 1 EL brauner Zucker • 1 EL gehackte Korianderblättchen • Saft von 2 Limetten

Backofen auf 175 °C vorheizen. Putenbrust waschen, trockentupfen und mit Küchengarn zu einem Rollbraten binden. Honig mit Zitronenabrieb und Rapsöl verrühren. Den Braten großzügig damit bestreichen, mit Salz und Pfeffer würzen und etwa 50–60 Minuten im Ofen goldbraun backen.

Währenddessen Granatapfelkerne auslösen und die Salsa zubereiten. Dafür Zwiebel abziehen und würfeln, Jalapeño entkernen, waschen und fein würfeln. Öl erhitzen, Zwiebel und Jalapeño darin 2 Minuten anbraten. Kirschsaft, Kirschen, Brühe und Zucker hinzufügen, aufkochen und bei niedriger Hitze auf die Hälfte einkochen. Vom Herd nehmen, Koriander, Granatapfelkerne und Limettensaft unterrühren. Putenbraten aufschneiden, mit der Granatapfel-Kirsch-Salsa anrichten. Dazu passen Bandnudeln.

Rehmedaillons mit Granatapfel-Pfeffersoße

Für 4 Portionen: 600 g ausgelöster Rehrücken • 8 Scheiben Pancetta • 1 EL Olivenöl • Salz • Pfeffer aus der Mühle • Kerne von ½ Granatapfel • 1–2 EL eingelegte grüne Pfefferkörner • 1–2 TL Mehl • ¼ l trockener Rotwein • 1 Prise Zucker

Fleisch waschen, trocken tupfen, parieren und in ca. 16 Medaillons schneiden. Medaillons mit je ½ Scheibe Pancetta umwickeln.

Öl in einer Pfanne erhitzen und das Fleisch unter Wenden ca. 5 Minuten braten. Mit Salz und Pfeffer würzen. Fleisch herausnehmen und warmhalten. Granatapfelkerne und grüne Pfefferkörner im Bratfett kurz andünsten. Mit Mehl bestäuben und mit Rotwein ablöschen. Unter Rühren aufkochen, mit Salz und Zucker abschmecken.

Als Beilage passen gekochte grüne Bohnen und/oder ein deftiges Risotto (z. B. mit Sellerie und Walnüssen).

Babischka

Persisches Kalbsragout mit Granatapfelsauce

Für 4 Portionen: 750 g Kalbsfilet • 4 rote Zwiebeln • 2 EL Sonnenblumenöl • 2 TL süßer Paprika • 1 TL Pfeffer aus der Mühle • 4 EL Granatapfelsirup/Konzentrat • ½ EL Salz

Kalbsfilet in ca. 2 cm große Würfel schneiden. Zwiebel schälen und grob hacken. Öl in einer Pfanne erhitzen. Die Zwiebelstücke darin knusprig rösten, aus dem Fett heben und beiseitestellen. Fleischwürfel kurz im Zwiebelfett anbraten. Zwiebeln wieder zugeben, ebenso Paprikapulver und Pfeffer. Alles bei geringer Hitze ca. 2–5 Minuten garen. Granatapfelsirup, Salz und 200 ml Wasser zugeben; umrühren, Deckel auflegen. Ca. 20 Minuten zugedeckt köcheln lassen bis die Fleischstücke zart sind.

Dazu passt (persischer) Reis.

Lammtajine mit Datteln und Granatapfel

Für 6 Portionen: 1 kg Lammkeule • 2 Zwiebeln • ½ Granatapfel • 3 EL Olivenöl • 1 TL gemahlener Zimt • 1 TL Kurkuma • 1 TL gemahlener Ingwer • 1 TL Kreuzkümmel • 1 TL Quatre-Epices (der französische Vier-Gewürz-Klassiker, bestehend hauptsächlich aus weißem Pfeffer und jeweils ein wenig Muskatnuss, Zimt und Nelken) • 200 g getrocknete und entsteinte Datteln (z. B. Medjool) • 25 cl Granatapfelsaft • 25 cl Wasser • 1–2 TL Salz • einige Korianderblättchen

Lammfleisch in Würfel schneiden, Zwiebeln schälen und kleinhacken. Granatapfel halbieren, eine Hälfte auspressen, aus der anderen die Kerne auslösen. Öl erhitzen und die Zwiebeln darin glasig dünsten. Gewürze einrühren. Temperatur erhöhen und die Lammwürfel hinzugeben. Unter Rühren goldbraun braten. Anschließend die Datteln zugeben, den Granatapfelsaft, Wasser und Salz. Kurz aufkochen, danach auf kleiner Flamme 2 Stunden köcheln. Zum Servieren mit Granatapfelkernen und Korianderblättchen bestreuen. Dazu passt frisches Baguette.

Marokkanischer Orangensalat

Für 4 Personen: 8 Bio-Orangen • 1 Granatapfel • 50 g ungesalzene Pistazien • 1 EL Orangenblütenwasser • 1 TL Zitronensaft • 1 EL Walnussöl • 1 EL gemahlener Zimt • Rohrzucker nach Geschmack • 3 Stängel Nana-Minze

Orangen heiß waschen, mit einem Zestenreißer die Schale von 1–2 Früchten in dünnen Streifen abziehen. Alle Früchte mit einem scharfen Messer schälen (inklusive der weißen Haut) und die Filets vorsichtig zwischen den Trennhäutchen herausschneiden. Saft dabei auffangen.

Granatapfelkerne auslösen. Pistazien hacken. Orangen-Filets, Granatapfelkerne und Pistazien in eine Schüssel geben. Orangensaft und -zesten, Orangenblütenwasser, Zitronensaft, Walnussöl und Zimt vermischen. Mit Rohrzucker abschmecken. Dressing unter das Obst heben und gut durchziehen lassen. Minzblättchen abzupfen und fein hacken. Vor dem Servieren untermischen. Mit einigen ganzen Minzblättchen dekorieren.

Granatapfel-Pannacotta

Für 4 Personen: 2 Granatäpfel • 5 Blatt Gelatine • 40 cl flüssige Sahne (Vollrahm) • 30 g Zucker • 4 cl Orangenblütenwasser • 4 Metallförmchen ohne Boden • 2 TL Butter für die Förmchen

Alternativ: die Pannacotta in Gläsern zubereiten, dann kann die Gelatinemenge leicht reduziert werden. Gelatine lässt sich problemlos durch Agar-Agar ersetzen.
Granatäpfel halbieren, einige Kerne für die Dekoration auslösen, den Rest auspressen. Drei Blatt Gelatine in kaltem Wasser einweichen. Zwischenzeitlich die Sahne mit

dem Zucker aufkochen und ca. 5 Minuten köcheln lassen. Orangenblütenwasser unterrühren. Temperatur absenken (auf ca. 65 °C) und eingeweichte Gelatine zugeben. Gut mischen. Abkühlen lassen bis die Masse leicht andickt. Auf einem gut gekühlten Untergrund (Marmorplatte) in gefettete, ebenfalls gekühlte Metallförmchen gießen (bis ca. 1 cm unter deren Rand).

Restliche 2 Gelatine-Blätter einweichen und gut ausdrücken. Granatapfelsaft (ca. 25 cl) in einem Topf leicht erhitzen. Temperatur reduzieren und die beiden Gelatine-Blätter zugeben. Gut mit dem Saft vermischen. Abkühlen lassen bis die Masse leicht andickt und vorsichtig über die Pannacotta bis zum Förmchenrand gießen. Mit jeweils 3 Granatapfelkernen dekorieren und fest werden lassen. Zum Servieren aus den Metallformen lösen.

Eventuell auf dem Teller mit einem Faden einreduziertem Granatapfelsaft dekorieren.

Güllaç
Süße Milchblätter

Güllaç gehört zu den traditionellen Desserts, die bereits im 15. Jahrhundert in den Palastküchen des Osmanischen Reiches und bald auch bei der Oberschicht der dortigen Bevölkerung sehr geschätzt waren. Serviert wurde und wird diese süße Spezialität vor allem im Fastenmonat Ramadan und/oder zum Fastenbrechen.

Für 6 Portionen: 1 l Milch • 200 g Zucker • auf Wunsch einige Tropfen Rosenwasser • 6 dünne Güllaç Teigblätter (aus Mais- oder Reismehl, Stärke und Wasser; gibt es bei türkischen Händlern) • 150 g fein gehackte oder geriebene Nüsse (Walnüsse, Haselnüsse, Pistazien) • 1 Granatapfel

Milch, Zucker und eventuell Rosenwasser erwärmen (nicht kochen!) Die Teigblätter in eine große (Porzellan)-Form legen und mit einem Teil der lauwarmen Zuckermilch tränken.

Anschließend die Teigblätter einzeln in der Mitte falten. Nüsse mit einem Löffel in einem schmalen Streifen parallel zur Faltkante verteilen. Teigblätter von der Faltkante beginnend aufrollen. Danach den gewickelten Teig schneckenförmig einrollen und in eine tiefe Servierschale legen. Mit den übrigen Teigblättern ebenso verfahren. Dabei die Rollen dicht aneinander schlichten. Alternativ die Teigblätter wie ein Baklava schichten. Mit der restlichen Milch auffüllen und ziehen lassen. Granatapfelkerne auslösen und das Güllaç damit großzügig dekorieren.

Kalte Granatapfelsuppe

Für 4 Portionen: 2 Granatäpfel • 4 cl echte Grenadine (alternativ: Granatapfelsirup) • 4 Nelken • 2 EL Honig • 250 ml Apfelsaft • 1 Bio-Zitrone • 1 Cantaloupe-Melone • 2 Papayas

Granatapfelkerne auslösen, Saft auffangen und diesen zusammen mit der Grenadine/dem Granatapfelsirup, den Nelken, Honig und dem Apfelsaft in einen Topf geben und aufkochen lassen. Topf vom Feuer nehmen, Zitronensaft und -abrieb zufügen und auskühlen lassen. Nelken aus dem Sud nehmen. Melone und Papayas halbieren, entkernen, schälen und grob würfeln. Beides mit dem Granatapfel-Sud in einem Mixer fein pürieren. Soviel kaltes Wasser zufügen bis eine leicht sämige Suppe entstanden ist (ca. 400 ml). Mindestens eine Stunde kaltstellen. Auf Schüsseln verteilen und mit den Granatapfelkernen garniert servieren.

Granatapfel Dattel Dessert

Für 4 Portionen: 1 Granatapfel • 250 g Quark • 250 g Joghurt • Saft und Schale von 1 Limette • 2 EL brauner Zucker • etwas Zimt • 12 große Datteln

Granatapfel halbieren. Aus einer Hälfte den Saft pressen, aus der anderen die Kerne lösen. Quark und Joghurt mit Limetten- und Granatapfelsaft verrühren. Limettenschale mit dem Zucker und etwas Zimt untermischen.

Datteln in kleine Stückchen schneiden, mit den Granatapfelkernen unter die Creme heben. Einige Granatapfelkerne für die Deko zurückbehalten.

Creme in Gläser oder Schälchen füllen und am besten leicht kühlen, bevor sie mit Granatapfel-Kernen verziert serviert wird.

Süßer Couscous

Für 4 Personen: 2 grüne Kardamomkapseln • 20 g Zucker • ½ TL gemahlene Zimtblüten (alternativ: Zimt) • Salz • 125 g Couscous (Instant) • 50 g Mandeln • 30 g weiche Butter • 40 g frische Datteln • 1 EL ungesalzene Pistazienkerne • ½ Granatapfel

Kardamom-Samen aus den Kapseln lösen, mörsern, mit Zucker, Zimt und etwas Salz in den Couscous rühren.

Mandeln kurz aufkochen bis sich die Haut bläht. Abgießen, mit kaltem Wasser abschrecken, die Haut abziehen und die Mandeln in grobe Stücke oder Stifte hacken. (Alternative: bereits geschälte Mandeln oder Mandelstifte verwenden.) Etwas zusätzliche Butter in einer Pfanne schmelzen, die Mandeln darin unter häufigem Wenden anrösten.

Couscous-Zucker-Gemisch in die knapp doppelte Menge kochenden Wassers einrühren (Packungsanleitung beachten). Nochmals kurz aufwallen lassen, den Topf vom Herd nehmen und den Couscous zugedeckt 10 Minuten ausquellen lassen. In der Zwischenzeit Datteln entsteinen und in schmale Stifte schneiden, Pistazien grob hacken, Granatapfelkerne auslösen.

Restliche Butter in Flöckchen auf den fertig aufgequollenen Couscous setzen und mit einer Gabel locker unterziehen. Mandeln, Datteln und Granatapfelkerne gleichmäßig unterheben, einige Kerne beiseitelegen. Couscous auf Schälchen oder Gläser verteilen, eventuell mit Zimtzucker bestreuen. Mit Granatapfelkernen und gehackten Pistazien dekorieren.

Granatapfel-Tarte

Für eine Tarteform von 28 cm Ø (16 Stücke): 100 g weiche Butter (plus etwas mehr für die Form) • 200 g Mehl (plus etwas mehr zum Ausrollen) • 2 EL Zucker • 1 Päckchen Puddingpulver Vanillegeschmack • 500 ml Milch • 40 g Zucker • 60 g Mandelmus • 250 g ausgelöste Granatapfelkerne • 1 Päckchen heller Tortenguss • 125 ml süßer Granatapfelsirup

Backofen auf 180 °C vorheizen, Tarteform buttern. Butter, Mehl, Zucker und 3 EL Wasser mit den Knethaken des Handrührgerätes zu einem glatten Teig verkneten. Auf einer bemehlten Arbeitsfläche etwas größer als die Tarteform ausrollen und den Boden der Form damit auslegen. Teigboden mit einer Gabel mehrfach einstechen und etwa 30–35 Minuten goldbraun backen. Anschließend abkühlen lassen.

Pudding nach Packungsanweisung mit Milch und Zucker zubereiten. Das Mandelmus in den Pudding rühren. Etwa 5 Minuten abkühlen lassen und anschließend gleichmäßig auf dem Tarteboden verstreichen. Mit Folie abdecken und vollständig abkühlen lassen.

Die Granatapfelkerne auf der Tarte verteilen. Tortenguss mit dem Granatapfelsirup und 125 ml Wasser verrühren, nach Packungsanweisung zubereiten. Etwas abkühlen lassen, dann gleichmäßig auf den Granatapfelkernen verteilen und fest werden lassen.

Joghurt-Crème brûlée mit Granatapfel

Für 4–6 Portionen: 60 g Zucker • 4 Eigelbe • ½ Vanilleschote • je 125 g Schlagsahne und Milch • Saft und geriebene Schale von ½ Bio-Limette • 150 g Vollmilchjoghurt • ½ Granatapfel • 2–3 EL brauner Zucker

Zucker und Eigelbe in einer Schüssel verrühren. Vanilleschote längs halbieren, das Mark herauskratzen und zusammen mit Sahne und Milch aufkochen. Die kochend heiße Sahne-Milch unter ständigem Rühren unter die Eier-Zucker-Mischung rühren. Vollständig abkühlen lassen.

Limettensaft und Joghurt unterrühren. Anschließend die Eiermasse durch ein feines Sieb gießen. Zuletzt die Limettenschale unterrühren.

Backofen auf 90 °C Umluft vorheizen. Crème brûlée in Schälchen verteilen und im Ofen auf der mittleren Schiene 60 Minuten garen. Die Förmchen aus dem Ofen nehmen, mit Butterbrotpapier abdecken und abkühlen lassen.

In der Zwischenzeit die Granatapfelkerne auslösen. Jedes Crème brûlée Förmchen mit etwas braunem Zucker bestreuen und mit dem Brenner hellbraun karamellisieren. Mit reichlich Granatapfelkernen bestreuen und sofort servieren.

Pomtini-Cocktail

Für 1 Glas: 50 ml frisch gepresster Granatapfelsaft • 50 ml Grapefruitsaft • 15 ml echte Grenadine • 15 ml Limettensaft • 40 ml Wodka

Alle Zutaten in einem Shaker mixen und in einem Glas auf Eiswürfeln servieren.

Granatapfel Margarita

Für 1 Glas: 1 TL Zucker oder Salz • einige Granatapfelkerne • 45 ml weißer Tequila • 10 ml Limettensaft • 25 ml frisch gepresster Granatapfelsaft • 5 ml Agaven-Sirup • 15 ml Triple Sec Likör

Den Rand einer Champagner-Schale befeuchten und mit Zucker oder Salz bestreuen. Alle flüssigen Zutaten in einem mit Eiswürfeln gefüllten Shaker kräftig schütteln. In die Champagner-Schale abseihen und mit einigen Granatapfelkernen dekorieren.

QUELLEN

Baudic, Jean-Marie: *Il est frais mon poisson!* Paris: Editions de La Martinière, 2012.

BBC Good Food Magazine. London, November 2016.

Bouvier, Michel: *Les vins de l'Antiquité - À la recherche des saveurs d'autrefois*. Paris: Jean-Paul Rocher Ed., 2007.

Buchholz, Hans-Günter: *Ugarit, Zypern und Ägäis: Kulturbeziehungen im zweiten Jahrtausend v. Chr. (Alter Orient und Altes Testament).* Münster: Ugarit-Verlag, 1999.

Der Papyrus Ebers. Schriften aus der Universitätsbibliothek Leipzig, 2002.

Domin, Hilde: *Nur eine Rose als Stütze, Gedichte*. Fischer Taschenbuch, 1994.

Gustav-Lübcke-Museum (Hrsg.): *Ägypten, Schätze aus dem Wüstensand: Kunst und Kultur der Christen am Nil.* Wiesbaden: Verlag Ludwig Reichert, 1996.

Hage, Salma: *The Middle Eastern Vegetarian Cookbook*. London: Phaidon Press, 2016.

Helck, Wolfgang: *Wirtschaftsgeschichte des Alten Ägypten im 3. und 2. Jahrtausend v. Chr.* (= *HDO.* 1. Abt., 1. Band, 5. Abschnitt). Leiden/Köln, 1975.

Henss, Rita: *Mexiko – Kulinarische Streifzüge*. Blaufelden: Sigloch Edition, 2000.

Kopp, Gabi: *Das persische Kochbuch*. Berlin: Jacoby & Stuart, 2013.

Muthmann, Friedrich: *Der Granatapfel: Symbol des Lebens in der Alten Welt*. Verlag Philipp von Zabern, 1982.

Ottolenghi, Yotam: *Jerusalem*. München: Dorling Kindersley, 2013.

Root, Waverly: *Das Mundbuch*. Frankfurt: Eichborn Verlag, 1995.

Sickler, Friedrich Karl Ludwig: *Allgemeine Geschichte der Obstkultur von den Zeiten der Urwelt an bis auf die Gegenwärtigen herab*. Erster Band. Berlin: Nabu Press, 2010.

Thiele-Dohrmann, Klaus (Hrsg.): *Die gekrönte Venusfrucht*. München: Wilhelm Heyne Verlag, 1977.

kochdichtürkisch.de; moodforstyle.de; deutsches-geflügel.de; granatapfel-ratgeber.info; henriettes-herb.com, lexpress.fr; bbcworldwide.com; lecker.de; br.de; granatapfel-info.net; heilkraeuter.de; eatsmarter.de; diefarbedesgranatapfels.wordpress.com

RITA HENSS

Rita Henss ist Autorin und bekennende Genießerin. Aus ihren Recherchen zwischen Orient und Okzident entstehen klassische Reiseführer, Essay-Sammlungen sowie Bücher mit kulinarischem Schwerpunkt. Bei mandelbaum schrieb sie mehrere Bände der kleinen gourmandisen.

www.ritahenss.de

REZEPTVERZEICHNIS

mandelbaums *kleine gourmandisen*

Jeweils 60 Seiten | Euro 14,– | Gebunden

APFEL
ARTISCHOCKE
AVOCADO
BANANE
BASILIKUM
BIRNE
BUCHWEIZEN
CHILI
DATTEL
ERBSE
ERDBEERE
ERDNUSS
FEIGE
FENCHEL
GRANATAPFEL
GURKE
HASELNUSS
HEIDELBEERE
HIMBEERE
HOLUNDER
JOHANNISBEERE
KAKAO
KARFIOL BLUMENKOHL
KAROTTE MÖHRE
KICHERERBSE
LAVENDEL
LINSE
MAIS
MANDEL
MANGOLD
MARILLE APRIKOSE
MARONE ESSKASTANIE
MELANZANE AUBERGINE
MOHN
MORCHEL
ORANGE
PASTINAK
PINIE
PISTAZIE
QUITTE
RADICCHIO
RHABARBER
ROSMARIN
ROTE RÜBE ROTE BETE
SAFRAN
SALBEI
SELLERIE
SENF
SESAM
SPARGEL
SPEIERLING
STEINPILZ
TAFELTRAUBE
TOMATE
THYMIAN
VANILLE
WALNUSS
WEICHSEL SAUERKIRSCHE
WEIZEN
ZIMT
ZITRONE
ZUCCHINI
ZWETSCHGE
ZWIEBEL